Jörg Neugebauer

Und jetzt erst sehe ich dich

Jörg Neugebauer

Und jetzt erst sehe ich dich

Ein Quintett

EDITION
Noack
Block

ISBN 978-3-86813-191-8

Herstellung durch Frank & Timme GmbH,
Wittelsbacherstraße 27a, 10707 Berlin.
Gedruckt auf säurefreiem, alterungsbeständigem Papier.

www.noack-block.de

Sunrise doesn't last all morning.
George Harrison, All Things must pass

Moralisch
im Lot

Halbargentinier

Neulich erfuhr ich, dass ich eigentlich Halbargentinier bin. Ich habe mich ja für so manches gehalten, aber das hätte ich doch nicht gedacht. Halbargentinier – welche Aufstockung meines Blutes! Mein Gehirn fasst plötzlich dreimal so viel Sauerstoff wie zuvor.

Als ich es Daisy Miller erzählte, hat sie gelacht. Wahrscheinlich hätte ich nicht so mit meinem frischen halbargentinischen Pass herumwedeln sollen.

Ich habe mir vorgenommen, nun eine Zeit lang wortlos drüber hinwegzugehen.

Gerade so, als ob ich gar kein Halbargentinier wäre.

Tugend-Mopp

Ich habe mir einen Tugend-Mopp zugelegt, gegen unkorrekte Gedanken.

Bevor ich sie äußern kann, geht der Mopp dazwischen. Und moppt und moppt.

Seit ich ihn habe, bin ich konform. Auf einmal mögen mich alle, sie *liken* mich oder das, was ich sage.

Ich kenne mich selbst nicht wieder, der Mopp hat mich umgedreht. Ich verurteile, was alle verurteilen, ich befürworte, was alle befürworten. Die auf der richtigen Seite sind.

Oh, wie schön ist es, auf der richtigen Seite zu sein! Mitten im Strom der Gerechten, der Wissenden. Derer, die gut sind.

Mein lieber Mopp, du hast mich gerettet! *Nochmals im Preis gesenkt,* hat es geheißen in der Annonce.

Dauerhaft billig bin nun auch ich.

Mein Gewehr

Vorhin hab ich das Gewehr geputzt, mit dem ich mich regelmäßig erschieße.

Von Zeit zu Zeit leg ich an und drück ab. Ansonsten wär ich immer derselbe.

Als stets derselbe schrumpf ich in mich zusammen. Bis ich ganz klein und mickerig bin. Äußerlich bläh ich mich auf. Vor dem vermeintlichen Riesen ducken die andern sich weg.

Ich kann mich dann selber nicht leiden. Und wenn ich seh, für wen die mich halten, dann wünsch ich dem, den sie meinen, den Tod.

Drum hab ich mir das Gewehr zugelegt. Obwohl ich Waffenbesitz eigentlich ablehne. In diesem Fall aber kehrt sich das um: Mein Gewehr hält mich moralisch im Lot.

Ich hab mir angewöhnt, es täglich zu putzen. Am Anfang hab ich das einmal im Monat gemacht. Dann jede Woche, jetzt jeden Tag.

Ich lieb es schon sehr, mein Gewehr. Rein aus moralischen Gründen.

Fest im Sattel

Ich hatte meinen Job verloren (doch halt, hab ich vorher einen gehabt?). Egal, ich suchte jedenfalls eine Stelle. Mir wurde angeboten, in der Entbürokratisierung tätig zu werden. Im weiteren Sinne, die Stellenbeschreibung klang unbestimmt, doch das Wort kam, glaube ich, darin vor. Jedenfalls bezog ich bald mein Büro.

Ich hatte mehrere Unterabteilungen zu leiten, Dienststellen verschiedener Hierarchien arbeiteten mir zu. Gleich in den ersten Arbeitstagen gewann ich einen Überblick. Den hatte ich allerdings nötig, einschlägige Aus- oder Vorbildung besaß ich keine. Den Posten hatte ich, soviel war mir klar, nur bekommen, weil ich hinsichtlich Größe, Gewicht, Herkommen, Essgewohnheiten, Hautbeschaffenheit, Sexualleben etc. die richtigen Vorgaben erfüllte.

Glück gehabt! dachte ich und saß fest im Sattel. Das Pferd, das mit zur Ausstattung meines Arbeitsplatzes gehörte, bekam bald sein eignes Büro, wenige Strohballen nur von meinem entfernt.

Neu im Amt und demgemäß vom Willen zu umfassendster Optimierung aller mir zugänglichen Bereiche beseelt, sorgte ich dafür, dass die bisherigen Abteilungsleitenden der mir untergeordneten Dienststellen gegen solche ausgetauscht wurden, die nach denselben Gesichtspunkten eingestellt wurden wie ich. Dienststellen, bei denen das nicht möglich war, lösten wir kurzerhand auf, was enorm zur Verschlankung des Verwaltungsapparats beitrug. Ja, ich darf sagen, wir, die Gesamtheit aller Verwaltenden, agierten zunehmend wie Eine Person. Waren wir einander vorher schon ziemlich ähnlich gewesen, weil wir ja alle dieselben Kriterien erfüllten, so wurden wir nun geradezu ununterscheidbar.

Dergestalt geeint in dem Willen, keinerlei Abweichung von unserer spezifischen Vielfalt zu dulden, lösten wir oder die Eine Person, die wir nunmehr waren, zu guter Letzt auch die Regierung auf, wählten mein Pferd zum Staatsoberhaupt und blickten fortschrittlich entspannt in die Zukunft.

Büro

Ich ging in das Heizungsbüro. Es gab auch ein anderes, doch die Aufschrift an der Tür war schwer zu lesen. So entschied ich mich für das Heizungsbüro, klopfte kurz und trat ein.

Hinter dem Büroschreibtisch saß erwartungsgemäß ein Beamter, vielleicht auch ein Angestellter, jedenfalls kein Schornsteinfeger oder dergleichen. Ich grüßte oder wollte grüßen, war mir im letzten Moment jedoch unsicher, welcher Gruß angemessen sei, und so brachte ich nur ein „hipp hipp hurra“ zustande. Und auch das mehr beiseite gesprochen, nicht geradezu ins Gesicht dieses Schornsteinfegers.

Ja, es war wohl doch ein Schornsteinfeger, der erste Eindruck hatte getäuscht. Ganz gewiss war die Person hinter dem Schreibtisch ein Schornsteinfeger, es war kein Zweifel möglich. Allerdings schwieg sie, geradezu vehement, und gab auch sonst keinen Ton von sich. Vor ihr auf dem Schreibtisch stapelten sich Papiere, Emissionsunterlagen vermutlich, auch der eine oder andere Bleistift lugte zwischen den Blättern hervor.

Ich komme wegen der Heizung, begann ich, musste mich zugleich aber räuspern, sodass nicht mal ich selbst verstand, was ich sagte. Ist sie etwa kaputt? ertönte überraschend darauf die Stimme hinter dem Schreibtisch, und der Schornsteinfeger schnellte auch schon empor, riesengroß, der Schreibtisch war kaum noch zu sehen, oder wenn dann höchstens als Nussschale.

N-nein, stammelte ich, - - - ich - - kenne doch die Gesetzeslage - - alles in bester Ordnung, Herr General!

Das wollen wir hoffen! donnerte der Feger und schritt auf großen Füßen hinüber zum einzigen, sehr kleinen Fenster, welches er aufriss. Dicker Qualm drang herein, quälend schwarz, und erfüllte den kabuffartigen Raum. Der Schornsteinfeger war kaum noch zu sehen, er verschwand immer mehr, bald war ich allein im Büro und setzte mich hinter den Tisch.

Erst spaßeshalber, wie ich mir einreden wollte, doch über kurz oder lang gewann ich selbst Schornsteinfegerkonturen, nahm wie mein Vorgänger eine schweigsame Haltung an und wartete nur noch darauf, dass es klopfte.

Der Qualm hatte sich bald, wohin auch immer, verzogen, und tatsächlich klopfte es, und eine Person trat ein.

Ich reagierte nicht auf ihren unverständlichen Gruß.

Revolution

Der Erbprinz von Schubladen wollte eine Revolution machen.

Früher, da hatten Leute wie er das Sagen: Prinzen, Prinzessinnen und ähnlich höhere Tiere. Von und zu Schubladen – das galt damals was! Und heute? Individuen, die seine Ahnen nicht mal als Handlanger angestellt hätten, fläzten sich auf Regierungsbänken und erließen dubiose Dekrete. Männer von Adel wurden bespuckt, ihre Gemahlinnen verhöhnt. Da half nur eine Revolution!

Der Prinz studierte einige Schriften von Lenin und las aufmerksam „Die Geschichte meines Lebens" von Charles Chaplin. Da er schon älter war, musste es schnell gehen. Es gelang ihm, ein konspiratives Briefträgernetzwerk aufzubauen und ein paar Fernsehansagerinnen vor seinen aufrührerischen Karren zu spannen. Als der Tag der Revolution gekommen war, hisste er die „ewige Fahne", aus uralten Schubladenbeständen.

Und tatsächlich! Die Pöbelregierung löste sich umgehend auf und ihre Mitglieder widmeten sich wieder ihren früheren unbedeutenden Tätigkeiten, also meist gar keinen. Weltumspannende Organisationen beglückwünschten den Prinzen und übertrugen ihm mehrere wichtige Schirmherrschaften. Die höchste Weltorganisation machte sogar in einem feierlichen

Akt den Ersten Weltkrieg rückgängig: Der Erzherzog Franz Ferdinand fuhr mit seiner Gattin unbehelligt durch Sarajewo. Was für ein Fest! Der Prinz nahm persönlich an der Fahrt teil, anfangs zumindest, dann zogen ihn die in den Schützengräben Gefallenen aus dem Wagen und trugen ihn jubelnd auf ihren Schultern. Der frühere Außenminister Stresemann fand endlich die richtige Medizin und wurde wieder in sein Amt eingesetzt, Hindenburg durfte in Ruhestand gehen.

Der Prinz zog sich allmählich aus dem Tagesgeschäft zurück, die Dinge nahmen auch so den gewünschten Verlauf. Mehrere weitere Grausamkeiten des 20. Jahrhunderts wurden nach und nach revidiert, selbst Lee Harvey Oswald konnte zum Einlenken bewegt werden und verließ das Schulbuchlager in Dallas/Texas unverrichteter Dinge.

Vor seinem Ableben wurde der Prinz vor die Wahl gestellt: Denkmal oder Heiligenschein? Er entschied sich für und gegen beides und blieb damit konsequent.

Kumpel

Mäschner hatte Jura studiert, ohne Begeisterung. Das ist ’ne sichere Sache, mein Sohn, hatte sein Vater gesagt, auf den er sonst wenig hörte.

Im Studium lernte er Fluppen-Walter kennen. Der war ein gewiefter Bursche, aufmüpfig genug, um von den anderen respektiert zu werden, aber nie so aufmüpfig, dass es seine Karriere hätte gefährden können. Er stieg danach in hohe Staatsämter auf. Das Rauchen hatte er sich bald abgewöhnt und das ehemals lange Haar trug er jetzt kurz, bieder und grau. Seine Ansprachen waren öde und langweilig, wie eigentlich immer schon. Aber er hatte es ganz nach oben geschafft.

Mäschner hatte derweil als kleiner Beamter sein Dasein gefristet und seinen Vater ob der Berufswahl verflucht. Oder doch nicht verflucht, hatte der es doch gut gemeint.

Er fand auch ein nettes Mädchen und nahm sie, wie man früher sagte, zur Frau. Er ging mit ihr öfters dorthin, wo fremde Menschen sexuell miteinander verkehren. Es gefiel ihm, sie dort zu erleben, und ihr gefiel es irgendwann auch.

Wenn er Fluppen-Walter im Fernsehen sah, musste er lächeln. Der war mal ein Kumpel von mir, sagte er dann zu seiner Frau. Wohl zum hundertsten Male.

Überlegen

Einer wollte mit dem Hund spazieren gehen, ihn ausführen, wie Hunden das ab und an vorschwebt. Nun kehrte sich das aber um und der Ausführer wurde zum Ausgeführten. Der Hund bestimmte die Route, traf unterwegs seine Kollegen und besprach mit ihnen wichtige Dinge, wie Hunde das nun mal so machen.

Der Ausgeführte versuchte etwas von ihrem Gespräch zu erhaschen, bekam aber nicht viel davon mit. Worüber werden Hunde sich schon groß unterhalten? dachte er, um sich trotz allem innerlich überlegen zu fühlen. Danach trottete er folgsam an der Leine seines Hundes nach Hause.

Bellenberg

Ich machte mich auf, von Unterhunden nach Oberhunden, blieb jedoch in Mittelhunden erst einmal stecken. An einer Kreuzung, genauer gesagt, rechts ging's ab nach Bellenberg. In Bellenberg war ich schon einmal gewesen oder hatte zumindest davon gehört.

Ja, gehört, als Kind hatte ich zugehört, wenn mein Großvater mit Brennenstuhl sprach. Jedes Mal hatte ich zugehört oder versucht von ihrem Gespräch etwas zu erhaschen, denn Brennenstuhl sprach äußerst leise und so dämpfte auch mein Großvater, oder „Opa", wie ich ihn nannte, seine sonst eher laute Stimme. Trotzdem, als Kind hat man ja ein feines Gehör, verstand ich jedes Wort, das die zwei älteren Männer wechselten. Nicht dem Sinn nach, dazu war ich noch zu klein, nur ganz ungefähr ahnte ich, wovon sie sprachen und dass es sich dabei um Schwerwiegendes handeln musste.

Beide senkten sie nämlich immer wieder die Köpfe und schwiegen und machten mm-mmh und ja-ja und räusperten sich in die Stille hinein. Eigentlich vernahm ich nur Laute, wenn sie etwas sagten. Und einmal sagten sie „Bellenberg". Einer von ihnen zuerst. Natürlich sprachen sie die drei Silben nicht unisono, einer, ich weiß nicht mehr welcher von beiden, machte den Anfang.

„Bellenberg", sagte er also, worauf der andere nickte, als wisse er, was damit gemeint war und entgegnete mit einem Satz, in dem ebenfalls „Bellenberg" vorkam, sodass ich, der ich sonst so tat, als sei ich mit einem kindlichen Spiel beschäftigt, aufschaute. Was aber keiner der beiden Männer bemerkte, jedenfalls schenkten sie dem keine Beachtung.

Um einen gewissen Hauser ging es, Hauser oder auch Holzer, der wohnte anscheinend in Bellenberg, soviel konnte auch ich schon verstehen. Besagter Hauser oder auch Holzer wohnte also in Bellenberg, und zwar neuerdings, war nach Bellenberg „umgezogen", an das Wort erinnere ich mich genau.

Mindestens dreimal war von Bellenberg wörtlich die Rede, ehe mein Großvater und Brennenstuhl von etwas anderem sprachen. Zwar weiter von diesem Holzer oder auch Hauser, jedoch nicht mehr von Bellenberg, weshalb ich mich an den Fortgang ihres Gesprächs auch nicht erinnere, das vermutlich die Ehe des Holzer oder auch Hauser betraf oder irgendetwas mit seinem Beruf. Freilich ohne dass dabei Wörter gefallen wären, die mich hätten aufmerken lassen, Wörter wie „Bellenberg" eben.

Viele Jahre waren seither vergangen, bis, auf dem Weg von Unter- nach Oberhunden, ich an jene Kreuzung geriet, wo mir das Gespräch meines Großvaters mit Brennenstuhl wieder einfiel.

Grenze

Er hatte nichts zu verzollen, und doch machte ihn die Grenze nervös. Bin ich schon drüben? fragte er sich und drückte sein Gesicht gegen die Fensterscheibe. Der Zug fuhr langsam, in Kurven, wie eine Spielzeugeisenbahn. Er betätigte einen der kleinen Knöpfe und wartete, was passiert. Seine Mutter kommt ins Zimmer und ermahnt ihn, nicht so lange auf dem Boden zu sitzen. Du wirst dich noch erkälten, sagt sie. Tatsächlich ist ihm kalt und er will schnell aufstehen, die Eisenbahn ist ihm auf einmal egal. Bloß nicht frieren, nicht kalt werden! Weshalb trägt er auch zur Weihnachtszeit kurze Hosen? Die Mutter sagt, es sei jetzt genug für heute, er solle nur noch drüben Gutenacht sagen. Wo die Erwachsenen sitzen. Sitzen sie immer noch da? Und worauf warten sie. Vielleicht können sie sich nicht mehr rühren. Nur er, als Einziger, könnte es noch. Die Mutter beugt sich nieder zu ihm und schiebt ihn hinüber.

Ball

Ich hatte mich verlaufen, war aber nahe daran mich wiederzufinden.

Jemand schenkte mir einen Ball. Oder ließ ihn bloß vor mir auf- und abhüpfen. Ich brüllte nicht, blieb einfach stehen. Hatte ich vorher gebrüllt?

Ein Kommissar schüttelte meinem Vater die Hand, so geriet das Gespräch ins Stocken.

Hier bist du also, sprach meines Vaters Miene, der Kommissar beugte sich zu irgendetwas herab. Dabei verrutschte seine Ritchie-Blackmore-Perücke und sein ziemlich kahler Kopf wurde sichtbar.

Mein Vater lachte, als wären wir in einem Lokal. Es war jedoch ein Revier. So viel verstand ich schon damals. Ansonsten verstand mein Vater mehr von der Welt als ich, das musste ich anerkennen.

Der Kommissar ließ wieder den Ball aufspringen, das Geräusch war mir unangenehm und ich brüllte jetzt wirklich.

Gehn wir nach Hause, sagte mein Vater, zu mir gewandt. Doch der Ball hüpfte immer noch weiter.

Der Teufel und das Kruzifix

Der Teufel lief müßig umher. Er hatte in letzter Zeit wenig zu tun, alles ging ohnehin seinen Gang. Da fand er auf einer Wiese ein Kruzifix. Er hob es auf, es war etwas verbogen und der Heiland hing ziemlich schief an seinem Kreuz. Der Teufel besaß einen, wenn auch manchmal bizarren, Sinn für Ästhetik und überlegte, wie er es reparieren könnte. Den schiefen Heiland mochte er jedenfalls nicht so lassen. Er suchte in seinen Taschen und fand einen Schraubenzieher, den irgendein Heimwerker auf seiner Höllenfahrt verloren hatte. Der Teufel ließ sich im Gras nieder, das zu dieser Frühsommerzeit kräftig wuchs, und schraubte etwas ungeduldig an dem Kruzifix herum, Geduld war nicht seine Stärke.

Da hörte er die Stimme des Heilands, die sprach:

„Lass mich nur weiter so schief hängen, mir macht das nichts aus." Der Teufel erschrak, zumal er sich die Stimme des Heilands anders vorgestellt hatte – irgendwie voller, beeindruckender, diese hier klang dünn wie aus einem Spielzeuggerät. Misstrauisch hielt der Teufel das Kruzifix von sich weg und besah sich den Heiland von neuem.

„Ja, sieh nur gut hin. Ich bin es, gegen den du die ganze Zeit anwütest", erklang wieder die automatenhaft anmutende Stimme. „Jetzt hast du mich ganz in deiner Hand. Aber nur scheinbar, denn ich bin ja viel mehr als dieses Figürchen. Das ist nur für die Menschen da, damit sie etwas vor Augen haben, sonst würden sie nicht an mich glauben."

„Blödsinn", entfuhr es dem Teufel, „keinen Deut bist du etwas anderes als dieses schiefe Männchen hier in meiner Hand. Ich weiß, dass du gerne mehr wärst, irgendein ‚Geist', wie du es nennst, doch das ist Quatsch und das weißt du genau."

Der Heiland antwortete nichts darauf, war wahrscheinlich beleidigt. Das gefiel dem Teufel auch wieder nicht, es war doch recht anregend gewesen, mit dem Heiland ein wenig zu streiten. „Spielverderber", sagte er nur, warf das Kruzifix in hohem Bogen ins Gras und den Schraubenzieher gleich hinterher.

Dann stand er auf und setzte seinen Weg fort. Mit jedem Schritt gelang es ihm mehr, den Vorfall schnell zu vergessen.

Laufbursche

Erna begegnete einem Laufburschen. Wo läufst du hin, fragte Erna den Laufburschen, der ganz außer Atem war und deshalb gar nichts antworten konnte. Weil er ihr aber recht gut gefiel, der junge, nicht unhübsche Laufbursche, küsste Erna ihn gleich auf den Mund, wobei, wie das beim heftigen Küssen zuweilen geschieht, sie ihm etwas von ihrem Atem einhauchte.

Auf der Stelle gewann der Laufbursche seinen ausgegangenen Atem wieder und strahlte Erna dankbar an. Du hast mir meinen Atem wiedergegeben, sagte er. Muss ich jetzt nie wieder laufen? – Nein, nie wieder, entgegnete Erna und lächelte freundlich zurück. Dein Atem gehört jetzt wieder dir! – Wie eine Waldbeere lächelst du, sprach der Bursche – und auch dein Kuss schmeckt danach. Darf ich dich pflücken und naschen?

Darauf war Erna jetzt gar nicht gefasst. Hatte sie doch bloß einem hübschen Laufburschen ein wenig zu Atem verhelfen wollen. Nun wollte der sie gleich pflücken! Vielleicht später, lispelte sie mit einer Art Schüchternheit, die sie an sich gar nicht kannte. Was heißt das, „später“? fragte der Bursche zurück, und Erna begriff, dass er in seinem ständigen Laufen geradewegs aus der Zeit hinausgelaufen sein musste.

Mit solchen Schwierigkeiten hatte Erna nicht gerechnet, als sie dem Burschen vorhin begegnet war. Liebste Waldbeere, fiel ihr der Bursche ins noch unausgesprochene Wort – wenn du dir nicht sicher bist, nehme ich dich erstmal mit in meinen Garten. Dort kannst du noch etwas reifen und jeder, der an deinem Strauch vorbeigeht, wird dich voll Freude betrachten. – Ja, hast du denn überhaupt einen Garten? wollte Erna schon fragen, da kam ihr der Bursche, der offenbar nicht nur laufen, sondern auch Gedanken lesen konnte – ihre zumindest! – wieder zuvor und sagte: Du wunderst dich, dass ich, ein niedriger Laufbursche, über einen eigenen Garten verfüge? Dann lass mich dir sagen, gutes Mädchen, ich wurde einst aus meinem Garten vertrieben. Doch seit du mich von meinem Laufburschendasein erlöst hast, ist es mir möglich, dorthin zurückzukehren und – als der Besitzer des Gartens – dich zu dem zu machen, was du eigentlich bist: Dieses Gartens schönste Prinzessin!

Erna glaubte sich in ein Märchen versetzt oder in eine Geschichte des verstorbenen Herrn Hoffmann. Und wirklich sah der Bursche jetzt gar nicht mehr wie ein Laufbursche aus, sondern schien gleichzeitig höher, würdevoller und stattlicher geworden zu sein. Wohlgefällig blickte sie ihm, der derart gewachsen war, dass sie regelrecht zu ihm aufschauen musste, von unten her in sein Gesicht, das ihr wie das eines Edelmannes erschien. Aber waren die Edelmänner nicht alle ausgestorben, geköpft oder sonst wie verlorengegangen? Und wollte sie überhaupt als schönste Waldbeere an einem Strauch im Garten dieses Laufburschenedelmanns ihr weiteres Schicksal erwarten? Dann lieber gleich gepflückt und genascht werden! dachte sich Erna. Wer weiß, ob dieser junge Mann sich nicht vor lauter Freude über den Verlust seines Laufburschendaseins zu Behauptungen verstiegen hat, die nicht ganz der Wahrheit entsprechen.

Beere – Garten – Prinzessin! Aber wunderschön flunkern kann er, dachte Erna, und schloss für einen Moment lächelnd die Augen.

Irgendwas stimmt hier nicht mit den Zahlen

Fremde Stadt

Frauen gehen über leise Brücken
und schauen über Flüsse hin
während Männer in den Cafés sitzen
und auf die leisen Frauen schaun

die Brücken aber werden lauter
und reißen alle Flüsse ein
die Männer rühren stumm
in ihren Tassen

bis die Frauen nähertreten
zu vielen leisen Zwiegesprächen
an den Tischen sitzen sie
und sehen ihren Kindern zu

die auf leisen Rädern fahren

Was es ist

Ja was ist es
oder war es schon
und wenn es schon war
was ist dann
jetzt

Etwas jedenfalls ist
es ist nicht klar
was es ist
danach zu fragen
ist vielleicht schon zu viel

Was aber wäre
das rechte Maß
um zu ermessen
was es bedeutet
zu sein

Elizabeth Poe

Nun ist die blutende Nonne tot
liegt in ihrem unbezeichneten Grab
nah an der Kirchhofsmauer
ihrem Sohn haben sie
einen Samtanzug gekauft
die Leute die ihn zu sich nahmen
ein Händlerehepaar
nun schwebt sie nicht mehr über die Bühne und singt
im Stadttheater von Richmond
der kleine Edgar wird wohl
ein Kaufmann werden
so wie sein Pflegevater
der Mama wärs lieber gewesen
es würd mal ein Dichter aus ihm

Wenn alle gehen

wohin auch immer
bleibst du zurück
ein Zimmer mit Aussicht
und Blumen
die Köpfe gesenkt
stehen Menschen
von irgendwo oben
wo manche den Himmel vermuten
erklingt noch Applaus

Unten am Fluss

Sich unten am Fluss zu treffen
könnte doch schön sein
nur dürften wirs keinem verraten
für ein Liebes-Stelldichein würd' es gelten
wenn wir einander auf sanften Sohlen begegnen
du auf viel sanfteren natürlich als ich
sicher hättst du mir viel zu erzählen
im hohen Ufergras das wir beide so mögen
vielleicht würden wir aber auch schweigen
und bloß hinunterschauen auf den Fluss
bis es dann Zeit wär
und du wieder zurückmüsstest in deine Schatten
unter den fernher rauschenden Bäumen

Beethovens Neunte

Ist seiner Achten um eins voraus
Rein zahlenmäßig bleibt sie hinter der Zehnten zurück
Die ist aber nirgends zu finden
Die Vierte und Fünfte müssten zusammen die Neunte ergeben
Bei näherem Hinhören kommen da einige Zweifel

Beethovens Erste sollte die Beste sein
Schließlich ist sie die Nummer Eins
Irgendwas stimmt hier nicht mit den Zahlen
Sie führen nur in die Irre
Bekanntlich war B. als er die Neunte schrieb
Bereits mehrere Jahre lang taub
Er konnte sie selbst niemals hören
Vielleicht sollte sie die Unhörbare heißen
In Respekt vor dem Los ihres Schöpfers

Auf den Kopf gestellt gäb die Neunte die Sechste
Nebeneinander beide ein lustvolles Spiel
Die Achte kann da nur neiderfüllt zusehen
Zusammen wären sie aber zu dritt
Die Dritte gilt manchen als seine schönste
Es sollten die Neun und die Sechs
Es mit der Drei zusammen probieren

Am besten in Wien an Beethovens Grab
Elfriedes Klavierspielerin käm auch noch dazu
Das gäb ein hübsches Ensemble

Unbeabsichtigt

nahm ich einem Kuchenverkäufer die Sicht
worauf der mich mit Kuchen bewarf

So war sie wieder hergestellt
die Ordnung

Wir tranken noch einen Schnaps zusammen

So richtig wohl war mir aber nicht bei der Sache
und ich schenkte ihm noch meine Kuckucksuhr

Im Holzlicht des Mondes

Vierwaldstättersee

Als ich mit meiner Freundin noch zusammen war, machten wir mal Urlaub am Vierwaldstättersee. Ja, damals waren wir noch zusammen. Es war nicht selbstverständlich, dass wir noch zusammen waren, da wir uns vorher beinahe getrennt hätten. Der Vierwaldstättersee hat ja etwas Bedrückendes, durch die hohen Berge ringsum. So rückten wir fast zwangsläufig enger zusammen. Auf dem See selbst hielten wir uns weniger auf, mehr oben auf einem der Berge.

Einmal fuhren wir aber doch mit dem Schiff, Richtung Luzern. Da haben wir den Tell gesehen, wie er am Ufer entlanglief, die Armbrust auf seinem Rücken. Wir wussten nicht, ob das normal ist, eine Armbrust auf dem Rücken zu tragen, rätselten gemeinsam darüber und lachten. Später kam noch der Geßler vorbei, auf einem Wagen, als Leiche. Das war nun schon keine Überraschung mehr. Meine Freundin nahm den Apfel, den sie vom Frühstücksbüfett hatte mitgehen lassen, und warf ihn im hohen Bogen ins Wasser.

Bloß keine Umstände

Die Heirat war eigentlich von Anfang an ein Desaster. Jeder wusste, dass der Bräutigam kein Gemüse aß, trotzdem hatten sich etliche eingefunden, um diesem Begräbnis einen würdigen Rahmen zu geben. Die Brauteltern waren aus beträchtlicher Entfernung, gut siebzig Kilometer, mit dem eigenen Automobil angereist, von Bräutigams Seite war niemand erschienen. Die Brautschwester äußerte bissige Kommentare, die Ehe werde nicht lange halten. Ihr studentischer Freund sagte „Meinst du?" und biss in eine Wurstkugel, auf die das Lokal spezialisiert war.

Mehrere Ansprachen wurden gehalten, nur der Brautvater schwieg. Und der Bräutigamvater sowieso. Die Braut sah recht hübsch, doch unglücklich aus und sagte immer „Macht bloß keine Umstände" zu allen. Dass sie diesen Gemüseverweigerer heiratete, konnte keiner verstehen. Ihr Chef, ein angeblicher Arzt, wünschte seiner Angestellten viel Glück und tanzte gleich als Zweiter mit ihr. Der Bräutigam nahm sie ihm aber schon wieder weg und verlangte Metallica, auf was anderes könne man doch nicht tanzen.

Die Braut wollte bald eine Cola, der Brautvater trank ein Bier nach dem andern. Die Brautschwester machte mit ihrem Freund einen Rundgang ums Haus und verlieh ihren Befürchtungen weiteren Ausdruck. Sie selbst war schwanger, das teilte sie ihm bei dieser

Gelegenheit mit. Ihr Freund schwieg betroffen, wusste aber ansonsten nichts dazu zu sagen.

Könnte es nicht auch von jemand anderem sein? traute er sich nicht zu fragen. Und so gingen sie Hand in Hand zur Hochzeit zurück.

Handwerker

Ich hatte Handwerker bestellt, da ich mir einbildete, vom Handwerken nichts zu verstehen. Die Handwerker kamen auch und tasteten mit ihren Händen die Wände ab. Hier, diese Wand ist sehr warm, rief der eine dem andern zu, diese hier auch, erstaunlich! rief der andere zurück.

Ich selbst war in der Tür stehengeblieben, um die Handwerker zu beaufsichtigen. Ich war zum Mittagessen mit meiner Exfrau verabredet und wollte das mit den Handwerkern schnell hinter mich bringen. Diese fingen nun an, die Wand zu beklopfen, jeder auf seiner Seite, es hallte durchs ganze Haus. Sie schlugen mit der flachen Hand darauf und klopften dann mit den Knöcheln. Anschließend horchten sie, jeder mit einem Ohr an der Wand. Hören Sie etwas? rief ich, nun langsam ungeduldig, ohne mich ausdrücklich an einen von beiden zu wenden. Wie aus einem Munde bejahten sie und klopften und horchten erneut.

Ich drehte mich um und zog im Hausflur schon mal meine Stiefel an, lange konnte das mit den Handwerkern ja nicht mehr dauern. Es waren schwere Stiefel, eigentlich unpassend für einen Restaurantbesuch, aber im Dunkel des Flurs hatte ich in der Eile kein anderes Schuhwerk gefunden. Die sollten lieber mal hier das Licht reparieren! dachte ich ungehalten, stattdessen schlagen sie unentwegt gegen die Wände. Und kehrte dorthin zurück, wo ich die Handwerker wusste. Das Klopfen musste schon eine Weile verstummt sein, so in Gedanken an meine Verabredung und in Anspruch genommen vom umständlichen Anziehen der Stiefel hatte ich das gar nicht bemerkt.

Die Handwerker standen müßig in der Mitte des Raumes, der nur noch zwei Wände aufwies, die beiden anderen waren verschwunden. Das kommt dann heraus bei der ganzen Klopferei, sagte ich missmutig in die Leere hinein, hinter der, nach einem Stück Garten, die Seitenstraße zu sehen war. Die Handwerker nickten. Es war nicht anders zu machen, sagte der eine, und der andere ergänzte: So haben Sie jetzt mehr Luft.

Ich hatte plötzlich doch noch etwas Zeit und briet den beiden am Herd eine Bratwurst.

Forelle

Als du deiner Mutter erzähltest, dass wir geheiratet hatten, musste die sich übergeben.

Wir feierten irgendeinen Geburtstag, ich glaube, in der „Forelle", und dabei hast du es gesagt. Was ich sehr mutig fand, denn ich wusste ja, dass du dir schon eine Zeit lang ernsthafte Gedanken darüber gemacht hattest, es ihr endlich zu sagen. Und wie. Ja, das Wie war vor allem die Frage. Schließlich sagt man nicht jeden Tag seiner Mutter, dass man geheiratet hat. Und zwar schon vor sechs Jahren. Ja, ich glaube, so lange war es ungefähr her.

Nicht, dass sich durch die Heirat an sich viel geändert hätte. Doch eine Heirat ist immerhin eine Heirat.

Türglocke

Plötzlich stand Ulmschneider da, keineswegs unerwartet, und doch. Hastig schraubte ich die Türklingel ab, auf die er gedrückt hatte, als könnte ich sein Erscheinen damit ungeschehen machen. Sie schrillte jedoch noch weiter, in meiner Hand.

Meine damalige Frau erschien, begrüßte Ulmschneider per Handschlag, der sich entschuldigte, ob er wohl störe. Nicht im mindesten, sagte meine Exfrau, wir haben Sie doch eingeladen! Um diese Uhrzeit? fragte Ulmschneider unsicher, noch immer war er nicht eingetreten.

Sie hören doch, dass es klingelt! rief ich dazwischen, die Türglocke noch in der Hand. Ich gehe jetzt mal spazieren – sobald Sie weg sind, komme ich wieder. Und reichte die Türglocke an ihn weiter.

Ich habe Kuchen, sagte meine Exfrau, möchten Sie einen Kaffee trinken? Keine Umstände! entgegnete Ulmschneider, machte aber doch Miene, jetzt einzutreten.

Geli

„Nimm mal ’n Knäckebrot“, meinte er und hielt mir die Chipstüte hin.

Wir waren in seinem Wohnzimmer, das er Hörsaal nannte. Er war diesmal bereit, mit mir über seine Schwester zu sprechen, glaubte ich jedenfalls. Bisher war noch nicht von ihr die Rede gewesen und ich saß schon zwanzig Minuten auf seinem Sofa. Immerhin Chips, Knäckebrot, was auch immer. „Mit Paprika“ stand auf der Tüte. In letzter Zeit hatte er jedes Mal das Thema gewechselt, wenn ich auf seine Schwester zu sprechen kam. Das hatte mich aufhorchen lassen. Ich war nie so richtig zusammen gewesen mit Geli, aber wir hatten erst heftig geknutscht und dann ein paarmal zusammen übernachtet. Jetzt hatte ich sehr lange Zeit nichts von ihr gehört.

„Gar nicht übel, das Knäckebrot“, sagte ich in seine Richtung, worauf er mir wortlos wieder die Tüte hinhielt. Ich überlegte, wie ich von Geli anfangen konnte, ohne dass es zu plump rüberkam und er gleich wieder dichtmachte.

„Wie geht’s eigentlich Geli?“ hörte ich mich dann sagen, und er holte tief Luft. Legte die Chipstüte in seinen Schoß. „Es geht ihr gut“, war seine Antwort. „Gut hat sie es jetzt.“

Es herrschte Stille im Hörsaal. „Gib mir bitte nochmal die Tüte“, sagte ich. Und er reichte sie mir.

Bahnsteig

Wir kamen auf demselben Bahnsteig an, von dem wir abgefahren waren, noch nicht lange her. Aber eigentlich wollten wir gar nicht ankommen, wir wären lieber noch zusammen dortgeblieben. Wir mussten uns dann auch trennen, die gemeinsame Reise war nun beendet.

Wir blieben jedoch am Bahnsteig stehen. Im Zug hatten wir eine Diskussion begonnen über das richtige Leben, und damit waren wir noch nicht fertig geworden. So diskutierten wir, während die Reisenden an uns vorbeidrängten. Wir dachten: Solange wir diskutieren, sind wir ja zusammen. So fiel uns immer noch etwas ein.

Weitere Züge hielten. Wenn wieder ein Schwall Reisender kam, wurden wir kurzzeitig getrennt und riefen einander unsere Argumente über die Köpfe der Reisenden hinweg zu. Irgendwann wurden die Züge weniger, es wurde auch dunkel. Die wenigen Reisenden hasteten an uns vorüber.

Längst hätten wir in unseren Häusern sein sollen, die uns erwarteten. Wir standen aber noch immer am Bahnsteig und diskutierten.

Kamele

Als sie sagte, *Kamele*, da hatte er ihr erst nicht geglaubt. Wie, *Kamele*, hier gibt's doch keine Kamele.

Sie aber: Doch, vorn an der Kreuzung da auf der Wiese. Da hab ich Kamele stehen sehen, als ich zu dir herfuhr.

Ja, was fährst du auch zu mir her, sagt er und meint es natürlich nicht so.

Und zwei Tage später ist sie wieder bei ihm und er sagt zu ihr: Ich war jetzt dort, wo du die Kamele gesehen hast. Da ist ein Zirkus, wo nie einer war.

Jetzt aber anscheinend doch, antwortet sie, und so gehen sie hin und sehen vor dem Zirkuszelt die Kamele stehen, nebst einigen Büffeln. Und die Büffel sagen gar nichts und sind es wohl gewohnt, dass man sie ansieht.

Gleichmütig wirken die, sagt sie, als beide so vor den Büffeln stehen. Und auch die Kamele machen keinen Radau, schauen aber zu ihnen herüber und zu anderen Leuten. So Kamele sind witzig, sagt er zu ihr, ich weiß aber gar nicht warum. Das ist doch egal, sagt sie und drückt seine Hand fester.

Als der Zirkus ein paar Tage später sein Zelt abbricht, trifft es sich, dass sie gerade wieder zu ihm fährt. Es ist gegen Abend, die letzte Vorstellung gerade vorüber und sie steigt von ihrem Fahrrad, um zuzusehen.

Der Himmel verdunkelt sich, die Lichter des Zirkus schon abmontiert. In der Ferne schattenhaft die Kamele.

Badeanstalt

Ich ging in die Badeanstalt, dort stand *Baden verboten.* Ich achtete nicht auf die Schilder, Menschen liefen in nassen Kleidern umher. In keinem von ihnen war ich. Ich fragte einen, der wie ein Meister aussah: Wo ist denn der Trockenraum? Er verstand mich nicht.

Wie er wohl ohne die Schirmmütze aussähe, dachte ich. Er sah mir wohl an, dass ich etwas dachte, das nicht auf seiner Mütze stand.

Ich bin wenig hier, wollte ich sagen, doch inzwischen hatte der Meister unbemerkt seine Hose gewechselt.

Ich bot ihm meine an, er lehnte ab.

Zumindest schloss ich das aus seinen Gesten, die etwas Herrisches hatten, was ich an mir gar nicht kannte.

Doch ich war ja nicht er, so konnte ich drüber hinwegsehen.

Geschickt bewegte ich mich zwischen den Handtüchern zum Ausgang, ohne eines davon zu zertreten.

Dort verlangte eine Frau, die ich von einer Busreise kannte, sofort meinen Ausweis.

Ich wollte ein unverfängliches Gespräch über die Busreise mit ihr beginnen, doch sie leugnete mich zu kennen und fragte dringlicher nach meinem Ausweis.

Ich sagte, den habe ich vorhin dem Meister gezeigt, jetzt müsse ich auf meinen Bus. Der fahre heut später als sonst, weil Badetag sei.

Die Frau ließ das nicht gelten und leugnete in einer Badeanstalt zu arbeiten, sogar das Wort Bus schien ihr fremd.

Inzwischen verließen unzählige Menschen das Bad, ohne von ihr behelligt zu werden. Ich wollte mir daran ein Beispiel nehmen und schenkte der Frau meinen Ausweis.

Sie wies ihn jedoch zurück.

Ich war ihr Verhalten ja mittlerweile gewohnt und gab mir den Anschein von Gleichgültigkeit.

So verging uns der Tag.

Ich versuchte das Gesicht der Frau im müder werdenden Licht auszumachen, war mir aber nicht sicher, ob ich nicht zu einer Lampe sprach oder zu einem Plakat.

Auf Andeutungen hinsichtlich der Busreise reagierte sie weiterhin nicht.

Ich nahm mir vor, nie wieder ohne Ausweis das Bad zu betreten und sorgte mich, ob noch ein Bus fuhr.

Da nahm mich eine, die der Eingangsfrau glich, bei der Hand und führte mich in eine hölzerne Badekabine. Dort zog sie sich aus.

Ich war mir nicht sicher, ob es wirklich die Frau vom Eingang war, nach der Busreise mochte ich nicht erneut fragen.

So ließ ich sie also gewähren.

Im Mondlicht schon war es der Meister, der vor der Tür stand.

Im Holzlicht des Mondes der Meister, scherzte ich zu der Frau, die mich aber nicht mehr verstand.

Sie schien die Frau des Meisters zu sein, gab mir wie zum Abschied die Hand und ging mit ihm fort.

Allein mit der Holztür und unweit des Wassers, das hell zu mir herüberglänzte, erwog ich noch ein Bad zu nehmen.

Aber da war es schon Morgen und die ersten Badegäste breiteten ihre Handtücher aus – genüsslich fast, muss ich sagen.

So ohne Schlaf gelüstete mich kaum nach dem Wasser.

Da nahm ich den Bus und saß Schlag zehn Uhr daheim.

Mit Felice im Zoo

Kafka nahm, unter falschem Namen, an einem Kafka-Symposion teil, auf dem Thesen zu Kafkas Schreiben in einer Weise diskutiert wurden, dass der Inkognito-Kafka sich fragte, von welchem Autor hier wohl die Rede sei. In einer Pause legte ein Teilnehmer eine Rolling-Stones-Platte auf, das gefiel ihm schon wesentlich besser.

Dass Sie so alte Schallplatten noch besitzen! wandte er sich an den Aufleger. Ich hatte früher auch ein paar Scheiben. Felice allerdings mochte den Tango.

Das kann man verstehen, gab der Angesprochene zurück, der Kafka bereits erkannt hatte. Wäre es ihr vergönnt gewesen, als junges Mädchen die Stones einmal live zu erleben, in deren Frühphase, hätte sie gewiss anders empfunden.

Sie meinen, sie hätte auch laut gekreischt und auf ihrem Sitzplatz mit den Füßen gestrampelt?

Davon gehe ich aus. Schade, dass es nicht dazu kam!

Ja, schade. Kafka war ein wenig ernüchtert. Ich hätte mit ihr zusammen hingehen sollen, als ich sie in Berlin besuchte.

Na, sehen Sie, sagte der andere und wandte sich um, die Platte zu drehen. Besser als in den Zoo!

Ich war mit ihr doch gar nicht im Zoo, wollte Kafka erwidern, doch plötzlich hatte er keine Lust mehr das Gespräch fortzuführen. Stattdessen setzte er sich an seinen Platz, zog ein Foto von Felice hervor, eines der vielen, die sie ihm nach Prag geschickt hatte, und betrachtete es lange.

Der See
stellt uns die Leiter

Diesen Morgen zur Tüte falten

Auf den Kopf setzen die Tüte
und damit Straßenbahn fahren
aus dem Fenster der Straßenbahn
schauen im Schutz des gefalteten Morgens

Ausgestiegen die Tüte absetzen
blank dem Mittag entgegenschreiten
in der Jackentasche den
sorgsam zusammengefalteten Morgen

In Lindau

oder sonst wo
dort unten

gehn wir im Dunkel spazieren

der See
stellt uns die Leiter

auf Wolken
über den Birnen und Bäumen

wandern wir in das Licht

Mit einem Ausruf

Das ist zu groß gedacht
das ist alles
zu groß gedacht

denk mal ins Kleine
das Wasserglas
auf deinem Tisch

mit Wasser drin
natürlich
mit Wasser

nimm einen Schluck
und wirf es
mit einem Ausruf

(wie etwa
„Adieu!“)
in den Glascontainer

aber erst später
so gegen
Nachmittag

Doch noch ist Sommer

Ja hört ihr Sterne
mein Herz an eurem Fenster
sagt es ist Nacht

und das Schweigen
zwischen den Quellen

himmelwärts tönt es
nach unten

immer
ein Suchen
nach dir

Und jetzt erst sehe ich dich

Rehe

Ich hob die Banane auf, auf der ich fast ausgeglitten wäre, beziehungsweise die Schale. Die Banane selbst musste jemand verzehrt haben, denn die Schale war leer. Ich sollte sie dem Förster aushändigen, dachte ich, der weiß bestimmt über den Verbleib der Banane Bescheid.

Zur Atzung! Zur Atzung! hörte ich da jemand rufen, der ein Rudel Rehe vor sich hertrieb. Das muss der Förster sein! und ich näherte mich mit bedeutsam erhobener Schale.

Im Winter ist alles zwecklos, stöhnte der Förster, dessen schneeweißer Bart mich überraschte. Meinen Sie mich? Ich heiße Sommer, haben Sie vielleicht eine Banane gesehen?

Flüchtig, sagte der Förster und tätschelte seine Rehe, die sich eng an ihn drängten. Wie gehorsam die sind, lobte ich und dachte nicht mehr an die Banane.

Ja, und alle haben so schöne Augen, seufzte der Förster, als täten die Rehe ihm weh.

Man muss mit den Tieren nachsichtig sein, sagte ich, als ob ich mich auskennen würde.

Riesenrad

„Zum Kuckuck!", rief ich. Als ob ich wüsste, wo es dort hingeht. Dennoch folgten mir einige. Nach zwei Stunden bergauf fragte der erste: „Wo ist er denn nun?" – „Wer?" gab ich zurück. „Na, der Kuckuck!" Ich zuckte die Achseln und meinte nur: „Nennen Sie mir einen anderen Vogel."

Alle blieben jetzt stehen und schauten betreten. Indes war es fast Mittag geworden, einige öffneten ihren Rucksack und packten ein Vesper aus. „Dazu passt ein Gewürztraminer!" rief ich aufs Geratewohl, bloß um etwas zu sagen.

„Sie sind gar kein Fremdenführer, geben Sie's zu", sagte eine Dame mit Brille und Kniebundhosen, bevor sie aus einer winzigen Glasflasche Apfelsaft trank. „Fremd bin ich schon", wollte ich antworten, doch dann erschien mir dieser Satz allzu lässig und ich schwieg, indes ich mir mit einem abgerissenen Grashalm Luft zufächelte.

„Ihre Scherze gehen uns auf den Sack!", rief nun ein stark untersetzter Herr, der seinen Ranzen, wohl aus Protest, noch immer nicht von den Schultern genommen hatte und mir aus irgendeinem Grund als die Neuinkarnation des altertümlichen Herkules vorkam. „Ihre Grobheiten werden Ihnen nichts nützen", entgegnete ich kühl. „Weiter oben ist eh alles vereist."

Alle bissen nun in ihre mitgebrachten Rettiche, aus schierer Verzweiflung, wie es aussah. „Mir ist schon jetzt speiübel", stöhnte die Glasflaschen-Dame, „grad, als wär ich im Riesenrad." Dabei leerte sie den Rest Apfelsaft umstandslos auf dem Weg aus.

„Sagen Sie nichts gegen das Riesenrad", mischte sich ein ansonsten unauffälliger Herr ein. „Dieses dreht sich doch sanft, ga---nz sa----anft".

Und er beschrieb mit den Händen, wie sanft es sich drehe.

Uhren

Ich suchte in meinen Taschen, fand aber nichts außer Uhren. Ich hatte die Uhren alle geerbt, jetzt fiel's mir ein. Ich klappte ein paar von ihnen auf. Jeder Zeiger zeigte in eine andere Richtung. Manche erschienen mir lang, andere eher zu kurz. Keine verfügte über ein Zifferblatt. Ob ich nach weiteren suchen sollte? Aber meine Taschen quollen doch schon über von ihnen. Wie schwer sie waren! Und das hatte ich vorher gar nicht bemerkt. Helfen Sie mir, wollte ich einer vorübergehenden Frau zurufen, doch ihr klappernder Schritt hielt mich davon ab.

Ich stand an einer Kreuzung, jetzt war's mir klar. Ich wollte nicht für einen Bettler gehalten werden oder für einen Gauner, der Uhren verkauft. Allerdings achtete niemand auf mich. Achtete ich auf die anderen? Eine der Uhren musste eine Wasseruhr sein. Es schwappte so, wenn man sie bewegte. Ob ich sie mal an die Sonne halte? Aber dann wäre sie ja wie alle anderen Uhren. Sonnenwasseruhren gibt's schon genug. Auch schien die Sonne gar nicht. Doch, aufgegangen war sie bereits.

Ich konnte nicht ewig so stehen bleiben. Ich war ja selbst keine Uhr. Was hatte ich denn gesucht? Besuch hatte ich schon lange nicht mehr bekommen. Vorsichtshalber hatte ich meine Adresse verschwiegen. Jetzt kannte mich keiner mehr. Wenigstens hatte ich Taschen, das konnte ein Anfang sein. Wenn ich sie umdrehte, fielen alle Uhren heraus. Komisch, dass alle zum Aufklappen waren. Als Kind hatte ich von einer Stoppuhr geträumt. Ich wollte Rennläufer werden, Langstrecke, und hatte geglaubt, ich liefe schneller, wenn ich erst eine Stoppuhr besäße.

Die vielen Uhren drohten mich langsam zu Boden zu ziehen. Im Gehen merkt man das Gewicht weniger als im Stehen. Wahrscheinlich hängt das mit der Schwerkraft zusammen. Ich wollte mich in Bewegung setzen. Da hielt ein Bus, direkt vor mir. Die Tür öffnete sich von selbst. Da ich kein Geld bei mir hatte, bot ich dem Fahrer eine der Uhren an. In der Eile erwischte ich eine unansehnliche, der Zeiger hing lose herunter. Dieses Exemplar hatte nur einen. Der Fahrer sah mich mitleidig an. Mit der Uhr kommen Sie nicht weit, sagte er. Hinter mir drängten andere Leute herein. Ich zwängte mich zwischen ihnen nach draußen.

Jetzt erst fiel mir auf, wie schlecht die Luft im Bus gewesen war, trotz der geöffneten Tür. Sogar die Fenster waren beschlagen. Hastig überprüfte ich meine Uhren. Sie zeigten keine Besonderheit. Oder doch, eine, wenn ich sie etwas schräg hielt, leuchtete. Strahlte mich regelrecht an. Nicht wie eine Taschenlampe, mehr wie ein überirdisches Licht. Überirdisch, ich lachte und klappte die Uhr zusammen. Schön, wie du strahlst, sagte ich zu der Uhr. So lange schon trag ich dich in meiner Tasche. Und jetzt erst sehe ich dich.

Freude

Unlängst begegnete ich dem Teufel.

Erst war ich mir nicht sicher, ob er es war, denn es gab ihn ja gar nicht. So zumindest meine feste Überzeugung bis dato. Er sah mich aber ganz lebhaft an, mit einem zugekniffenen Auge, und so beschloss ich, ihn zumindest vorübergehend als existent zu betrachten.

Der Teufel war, wie allgemein bekannt, ganz in Rot gekleidet und trug eine lange Kette um den Hals, an der, verkehrt herum, ein silbernes Kreuz hing.

„Immer noch die alten Feindbilder, Herr Satan?“, sprach ich ihn darauf an. „Wie wär’s mal mit etwas Neuem?“

Mein nicht gerade ehrerbietiger Ton schien ihn nicht groß zu stören.

„Bin ich der liebe Gott?“, gab er mit heiserer Stimme zurück. „Ich kann mir nicht jeden Tag etwas anderes ausdenken und – schnipp! – ist es auch schon da.“

„Ja, tut er das denn?“ Seine Bemerkung hatte mein Interesse geweckt. Doch er winkte ab. „Keine Ahnung. Seine Durchlaucht lassen sich nicht in die Karten schauen.“

Ich betrachtete den Teufel genauer. In seinen Augen das böse Blitzen, für das er bekannt ist. Selbst in dem zugekniffenen Auge war es deutlich erkennbar.

„Und Sie?“, fuhr ich fort, „werkeln so vor sich hin, soviel ich sehe.“ Er lachte kurz auf.

„Ja, werkeln ist gut. Es gibt doch immer wieder kleine Erfolge, die einen für all die Mühsal entschädigen."

„Verstehe", nickte ich, insgeheim überrascht von der negativen Bilanz, die er sich selbst attestierte.

„Zum ganz großen Schlag reicht es dann aber doch nicht, wie?"

Es war kühn, so mit dem Teufel zu reden. Immerhin konnte er einem ganz schön am Zeug flicken, wenn er es darauf anlegte.

„Zum ganz großen Schlag …", der Teufel seufzte und verdrehte die Augen, auch das zugekniffene mit.

„Von Neunzehndreiunddreißig bis Fünfundvierzig hatte ich 'nen recht guten Lauf, da hab ich den Alten wohl aufm falschen Fuß erwischt. Aber ewig kann man von sowas nicht zehren."

„Sie nennen ihn den Alten?", fragte ich sogleich zurück, wiewohl sein „Dreiunddreißig bis fünfundvierzig" mir an die Nieren ging.

„Na ja", der Teufel kratzte sich nun ausgiebig am Kopf, „älter als ich ist er schon."

„Sie sollten sich schämen", sagte ich, ohne an die möglichen Folgen zu denken, „so was wie Dreiunddreißig bis Fünfundvierzig angezettelt zu haben, ist wahrhaftig nichts, worauf man sich etwas einbilden könnte – im Gegenteil! Sagen Sie mal, hatten Sie etwa Freude daran?"

„Freude", er wälzte das Wort unlustig zwischen den Lippen.

„So was kommt bei mir doch nicht vor." Und er verschwand. Auf Nimmerwiedersehen?

Schneemann

Es war tiefer Winter und Herr Neusinn ging im Schnee spazieren. Sinnend, wie schon sein Name besagt. Den er übrigens von seinem Vater geerbt hatte. Und dieser ihn wieder von seinem.

Die Sonne stand schon recht tief, als Herr Neusinn einem Schneemann begegnete. Der stand einfach da, weiß gekleidet, und rief dem Spaziergänger einen *Guten Abend* entgegen. Zumindest vernahm dieser es so.

Du lobst den Abend?, sprach Neusinn ihn an. Ist dir nicht bang vor der nächtlichen Kälte? Dein weißes Gewand wird dich nicht wärmen.

Der Schneemann lachte ihm grad ins Gesicht. Schwieg aber sonst.

Du weißt, wer ich bin, fuhr der Spaziergänger fort. Ich gehe hier oft sinnend vorüber. Dich aber hab ich noch niemals gesehen.

Wiewohl der Angesprochene auch darauf nicht antwortete, bedankte Neusinn sich für das Gespräch und schritt sinnend weiter.

Wie kommt es, dass Dinge entstehen und vergehen? durchfuhr es ihn als neue Frage. Gestern war dieser Schneemann noch keineswegs da. Morgen schon könnte er fort sein. Ist sein Dagewesen-Sein etwas, das bleibt? Oder verschwindet es mit ihm. Und falls ja, für wie lange? Auf ewig? Und wie lange wäre das, ewig?

Herr Neusinn blieb stehen und wandte sich um. Die Sonne war untergegangen. In weiter Entfernung stand unbeweglich der Schneemann.

Schwestern

Die beiden Schwestern Freya und Frega verstanden sich nicht immer nur gut. Des Öfteren zerkratzten sie einander das Gesicht, gefolgt von Phasen neuen Einvernehmens. Dabei ging es nicht ausschließlich um Männer. Wenn Frega einen von Freyas Verehrern zu dieser sagen hörte: „Ich liebe dich und deine Bikinis", verzog sie nicht einmal die Miene.

Gelegentlich tranken sie Sekt miteinander, ganz ohne Anlass. Nur so, auf einem der beiden Betten sitzend. Auf Freyas, wenn sie den süßen tranken, auf Fregas nahmen sie den eher trockenen, mit blumiger Note im Nachgang. Wenn die Mutter aus dem Haus war, stellten sie alles gleich auf den Kopf. Vater gab es ja keinen. Sie zogen Mutters Nachthemden an und entzündeten ihre Zigaretten.

Das war vor zehn oder zwölf Jahren, die Zeit verging ihnen schnell. Als sie alt wurden, schminkten sie sich nicht mehr. Frega vielleicht noch ein bisschen.

Liebesbrief

Sie hatten einander früh kennengelernt. Aber dann, durch äußere Umstände, ganz aus den Augen verloren. Fast fünfzig Jahre vergingen, bis es, bei einem gesellschaftlichen Anlass, zum Wiedersehen kam. Sie vergewisserten einander, sich noch zu kennen, vermochten aber nur wenige Sätze zu wechseln, in all dem Getümmel.

Es gelang ihm, ihre Adresse ausfindig zu machen, in einer hundert Kilometer entfernten Stadt. Und er schrieb ihr einen Brief. Als *späte Antwort,* wie er es nannte, auf einen, den sie ihm, als halbes Kind noch, einstmals geschrieben. *Liebesbrief,* zweifach unterstrichen, hatte oben drübergestanden, das wusste er noch. Und schrieb es ihr, dass er es noch wusste.

Es kam keine Antwort. Bis, Monate später, sie sich am Telefon meldete. Zehn Minuten sprachen sie miteinander. Dann legten sie auf. Doch etwas fehlte jetzt noch. Irgendwann würde er wissen, was es war.

Noch war ja viel Zeit.

Tür

Ich stieg hinauf und besah mir die Sterne. Sie wirkten näher als gedacht, und so getraute ich mich auf sie zuzugehen. Sie wichen jedoch nicht zurück. Nun, das hatte ich auch nicht erwartet, zugleich kam ich ihnen nicht näher.

So allein mit den Sternen wurde mir kalt. Die Jacke hatte ich allerdings unten gelassen. Im bloßen Hemd allein zwischen den Sternen!

Gegenüber war aber nun eine Tür. Sie zu erreichen, kostete mich wenige Schritte. Ich drückte die Klinke. Die Tür war recht hoch. So konnte ich aufrecht hindurchgehen.

Tag

Der Tag hatte es sich anders überlegt. Erst sollte es regnen, dann ließ er die Sonne durch. Ja, so gefiel er sich besser. Seine Freundin, die Nacht, schlief allerdings. Und so musste er den Abend abwarten, um sich mit ihr zu vereinen.

Diese Vereinigungen waren immer das Schönste. Sonne und Regen kamen dagegen nicht an. Täglich neu ist mir jeder Morgen, sagte der Tag, nicht unendlich viele wird es noch geben.

Doch jeder ist wert, dass ich mich an ihm freue.

Heizer

Ich bin Heizer in einem Hotel. Hauptberuflich, nicht nebenberuflich. Meine Kollegen machen das nebenberuflich, keine Ahnung, was sie hauptberuflich so treiben. Als ich das anfing mit dem Heizen – ich weiß schon gar nicht mehr vor wie vielen Jahren – hätte ich nie gedacht, dass ich das mal zu meinem Beruf mache. Ich war damals Jockey, doch ein äußerlich kleiner Reitunfall setzte meiner Laufbahn ein Ende. Davor hatte ich manchmal beim Heizen hier ausgeholfen, auch um der Anspannung vor dem nächsten Rennen ein Schnippchen zu schlagen. Als Jockey ist man eigentlich immer angespannt. Aber hier, in dieser Hitze, konnte ich das Ganze für eine Zeit lang vergessen.

Seit meinem Ausscheiden bin ich nun immer hier. Also ständig, ich verlasse das Hotel gar nicht mehr. Wenn ich beim Heizen nicht gebraucht werde, helfe ich bei den Aufzügen aus, mische mich unter die Liftboys und komme auf diese Weise auch mal in höhere Stockwerke. Als Heizer befindet man sich ja sonst ständig im Keller. An sich macht mir das nichts aus, doch oben ist es auch einmal schön. Im Keller, das fiel mir kürzlich erst wieder auf, ist es ja dunkel. Ganz dunkel. Völlige Finsternis. Solange sie nicht vom Heizer erhellt wird. Vielleicht gibt es deshalb so viele nebenberufliche Heizer, weil jeder, der sonst wo mit alltäglichen Dingen beschäftigt ist, genau das zwischendurch mal erleben will: Wie er, Heizer, das Dunkel erhellt. Um danach seiner Wege zu gehen. Für eine weitere Weile. Bis es ihn wieder hierher zurückzieht.

So ist das bei den nebenberuflichen Heizern. Bei mir ist es anders, ich bin der einzige hauptberufliche Heizer hier im Hotel. Meine Beziehung zum Dunkel ist eine professionelle, im Unterschied zu all den Gelegenheitsheizern, die die Sache mehr als eine Art Liebhaberei betreiben.

Ich werde immer hier sein. Solange dieses Hotel besteht.

Mond

Den Mond gab es längst vor dem Menschen. Er war von der Erde aus zu sehen, genauso wie heute, und er sah genauso aus. Nur schaute niemand groß hin. Tiere vielleicht, was weiß man.

Der Mond schien in hellen Nächten, ein fahles Licht. Für ihn hat sich nichts geändert. Und er wird, wenn es mal keine Menschen mehr gibt, nicht plötzlich vom Himmel fallen. Er wird oben bleiben und runterschauen, mit einem blinden Auge bei Neumond. Danach wieder normal.

Viele Jahre werden vergehen, ohne dass jemand sie zählt. Es wird sinnlos werden, von *Jahren* zu sprechen, doch sprechen wird sowieso niemand. Nur der Mond wird weiter scheinen. Stumm natürlich, stumm.

Dauer

Ich kann ja nicht wissen, wie lange das dauert. Eine Viertelstunde oder ein Vierteljahr. Weiß gar nicht, wie ich auf *Viertel* komme. Ein Viertel ist halb halb, deshalb vielleicht.

Das soll jetzt kein Wortspiel sein, dafür ist alles zu ernst. *Halb* klingt jedenfalls gut.

Zweimal halb ergibt ganz, nur eben geteilt. So könnte man frohgemut sein. Nichts, wovor sich zu fürchten wäre. Nur noch zu klären, was *Dauer* bedeutet.

Aber nicht gleich. Sagen wir: In einer Viertelstunde.

Daun, daun,

wie die Engländer sagen, immer runter damit. Aber wohin?

Unten, da ist doch nichts. Oder alles. Je nachdem, von wo aus man es betrachtet.

Früher sagte man Hölle, oder die Engländer *Hell.* Hell kann's unten aber nicht sein,

unten war's immer schon dunkel.

Als Kind war mir alles Untere wichtig, was oben war, schätzte ich kaum.

Heut schau ich eher nach oben. Wohin genau, kann ich nicht sagen.

Hinauf, einfach hinauf. Was immer dort oben auch ist.

Goethe in Straubing

Goethe hatte es nach Straubing verschlagen. Er wollte eigentlich nach Regensburg, war dann aber in Straubing hängengeblieben. Dort kannte ihn niemand, das fand er angenehm. Man erzählte ihm von der Agnes Bernauerin, die wurde von der Obrigkeit *gen Himmel gefertigt*. Ersäuft hieß das im Klartext, und zwar in der Donau. Goethe erwog kurz, darüber ein Drama zu schreiben, doch er fand, das Thema sei eher etwas für Schiller.

Fünfundzwanzig sei sie bei ihrem Tod gewesen, und reichlich anmutig schön. Eines Badewärters Tochter, der Henker habe sie mit einer Stange vollends unters Wasser gedrückt. Weil sie ein *Schlafweib des jungen Herzogs* war. Sie habe noch angeboten, dann eben in ein Kloster zu gehen, doch habe die Obrigkeit ihr das abgeschlagen. Nachdem sie *allzu dreist* sich aufgeführt habe, sei sie in einen Sack eingenäht worden. Sie hätte nur leugnen müssen, des jungen Herzog Albrechts Frau zu sein, dann hätte man sie davonkommen lassen. Doch sie habe darauf bestanden.

Das alles erfuhr Goethe, ohne danach gefragt zu haben. Wildfremde Straubinger erzählten es ihm. Und als er am Abend die Donau entlangging, blieb er lang an der Brücke stehen und starrte ins Wasser.

Riese

Gräter kämpfte mit einem Riesen und drohte zu unterliegen. Allerdings schätzte er seine Lage ganz anders ein: Riesen gibt es doch gar nicht, wie könnte ich dir also unterliegen? sprach er frech heraus. Freilich fast schon mit seinem vorletzten Atem.

Sprich du nur weiter so, versetzte der Riese, vergeude, was noch an Atem in dir ist. So braucht es mich gar nicht, dir vollends den Garaus zu machen.

Willst du das denn? fragte Gräter, nun doch sehr bestürzt, wo immer auch er die Luft dazu hernahm.

Nicht ich will, sprach der Riese und legte Gräter beiseite.

Alles, von dem du glaubst, es gäbe es nicht, wird dir zeigen, was ist und was nicht.

Inhalt

Moralisch im Lot

Irgendwas stimmt hier nicht mit den Zahlen

Im Holzlicht des Mondes

Der See stellt uns die Leiter

Und jetzt erst sehe ich dich

MIX
Papier | Fördert gute Waldnutzung
FSC® C083411

Zeitfracht Medien GmbH
Ferdinand-Jühlke-Straße 7
99095 Erfurt, Deutschland
produktsicherheit@kolibri360.de

Druck:
CPI Druckdienstleistungen GmbH
im Auftrag der
Zeitfracht Medien GmbH
Ein Unternehmen der Zeitfracht - Gruppe
Ferdinand-Jühlke-Str. 7
99095 Erfurt